子どもが育つ魔法の言葉 for Mother and Father

More Magic Words for Moms and Dads

ドロシー・ロー・ノルト
平野卿子＝訳

PHP

子どもが育つ魔法の言葉

for Mother and Father

装幀　渋川育由
イラスト　ましませつこ

●子は親の鏡

けなされて育つと、子どもは、人をけなすようになる
とげとげした家庭で育つと、子どもは、乱暴になる
不安な気持ちで育てると、子どもも不安になる
「かわいそうな子だ」と言って育てると、子どもは、みじめな気持ちになる
子どもを馬鹿にすると、引っ込みじあんな子になる
親が他人を羨んでばかりいると、子どもも人を羨むようになる
叱りつけてばかりいると、子どもは「自分は悪い子なんだ」と思ってしまう
励ましてあげれば、子どもは、自信を持つようになる
広い心で接すれば、キレる子にはならない
誉めてあげれば、子どもは、明るい子に育つ

愛してあげれば、子どもは、人を愛することを学ぶ
認めてあげれば、子どもは、自分が好きになる
見つめてあげれば、子どもは、頑張り屋になる
分かちあうことを教えれば、子どもは、思いやりを学ぶ
親が正直であれば、子どもは、正直であることの大切さを知る
子どもに公平であれば、子どもは、正義感のある子に育つ
やさしく、思いやりをもって育てれば、子どもは、やさしい子に育つ
守ってあげれば、子どもは、強い子に育つ
和気あいあいとした家庭で育てば、
子どもは、この世の中はいいところだと思えるようになる

● Children Learn What They Live（石井千春 訳）

●子どもと生きるということは
自分が子どもだったころを
思い出すということ

「早く！　早く！」と言わないで

私たちは「早く！　早く！」の世界に生きています。

「ボビイ、早くして！　出かけるわよ」

「たいへんだ、保育園に遅れそうだ！」

一日にいったい何回、私たちは子どもに「早くしなさい！」「急ぎなさい！」と言っていることでしょう。緊張感のある言葉は私たちの態度や行動に影響をおよぼし、たちまち子どもにも伝染するのです。

原因がなんであれ、緊張感は家の空気をピリピリさせ、みんなが落ち着かなくなります。親がイライラしたり不機嫌だったりすると、まだ想像力が発達していない幼い子は、ともすると自分のせいだと思ってしまいます。

「ぼく、何か悪いことをしたんだろうか？」

もっと大きくなれば、たとえばこんなふうに思えるかもしれません。

「お母さん、あんなにいらついている。何か失敗しちゃったのかな」

「お父さん、会社で何か面白くないことがあったんだね」

「早く！　早く！」のコーラスはもうおしまいにして、もっとくつろげる雰囲気にしてください。一日の終わりの会話は何か楽しいことで始めましょう。

そのためには、何か感謝の言葉を口にしたり、その日あった楽しかったことを話すのもいいでしょう。子どもたちに、今日はどんな一日だったのか聞いてみたり、いっしょに笑える楽しいできごとを見つけるのもいいですね。ささやかなことでいいから、子どもをほめることも大切です。

笑いや感謝ほど、緊張やストレスをほぐしてくれるものはありません。親がリラックスしていると、それはすぐに子どもに伝わります。

どうか寝る前には、ゆっくりくつろいでください。そうすれば気持ちにゆとりができて、お子さんの要求にもこたえてあげやすくなるでしょう。

私たち親にも、気楽にのんびりかまえる時間が必要なのです。

●あわただしい毎日
いつも追い立てられてばかり……
でもどうか
子どもといっしょに
お日さまの光を浴びたり
星を眺めたりしてください
ほんのちょっとの時間でいいのですから

●いくら子どもを愛していても
それを示さなければ何にもなりません
伝えなくてもわかる？
いいえ。そんなことはないのです

●子どもから

ひそかな希望や夢、願いを
打ちあけられたら
名誉に思ってください

●お母さん

用をしているときに子どもが何か言ったら
どうか手を休めて振り返ってください
「なあに?」
そうすればあなたは
「いつもそばにいてくれるお母さん」
になるのです

●子どもが小さいほど、ゆっくりと
親の一歩は、子どもの三歩や四歩だということを
忘れないでください
よちよち歩きの子を引っぱっていかないで
子どもをせかして走らせないで！
それから、お父さん
あなたの歩幅はお母さんより広いのですよ

●いつも感謝の心を……

大きなことに感謝するのはかんたん
でも目立たないことに感謝するのは？
どんな小さなことにでも
「ありがとう」と言ってください

●子どもに小言ばかり言ってはいけません
子どもがのびのび生きられなくなってしまいます
小言を言うかわりに
何か別の方法を探しましょう

子どもは
お手本どおりに育つ

こうしなさい、ああしなさいと子どもに口やかましく言ってはいませんか。もしそうならやり方を変えましょう。

口やかましく言う癖はなかなか直しにくいかもしれません。けれども、親がいつも子どもに小言ばかり言っていると、家は居心地の悪いものになってしまいます。

子どもに口やかましく言うよりも、親がそうしていれば、黙っていても子どもはまねをするものです。

また、口やかましく言うよりも、してもらいたいことを絵にしてホワイトボードに描くほうがいいでしょう。雑誌の写真を切り抜いて張ることもできます。

おおよそのことを決めたら、何をどうすればいいのか、親と子がお互いどうしてほしいと思っているのか、子どもとゆっくり話しあいましょう。

歯を磨くとか、手を洗うなど、日々の習慣をつけさせるのにも、絵を使うことができます。

幼ない女の子を持つあるお母さんは、ちらかっている部屋の写真を撮りました。それから片づいているときの写真を撮って壁に張り、片づいているほうの写真の横に笑顔マークを張りつけました。

女の子にはお母さんのメッセージがわかりました。そしてある日、遊びを終えるとこんなふうに言ったのです。

「あたしのお人形さんたち、これからベッドに行くところなの」

さて、私たち親が忘れてはならないことがあります。

お母さんやお父さんは、仕事を終えたときに、それまで使っていたものをきちんと片づけていますか。

台所にお鍋やボウルが出しっぱなしになってはいませんか。パソコンのまわりは書類だらけではありませんか。寝室の椅子に服がうずたかく積み上げられているることは？　ガレージが、小さな嵐がきた後みたいになってはいないでしょうか。

子どもに注意するばかりでなく、自分にも目を向けてください。子どもの手本になれるよう、ベストをつくしているでしょうか。子どもは私たちを見ているのです。そして、何でもまねをします。口やかましく言うよりも、私たちが手本になれるよう生きることが一番効果的なのです。

子どもは親の鏡です。

●親から認められ
ほめられることは
子どもにとって
一番のプレゼントです

●人と違っていてもいい
大事なのはとけ込むこと

子どもを比べない

忙しい現代は、けっして子どもにとって生きやすい時代とは言えません。

でも、時代が変わっても、子どもにはゆったりとのんびりした時の流れが必要なのです。いろいろなことが一度に押しよせると、子どもはどうしていいかわからなくなってしまいます。

忙しくても、子どもの要求に耳を傾けてやり、子どもそれぞれの違いを大切にし、理解してやることが親の務めです。

子どもは一人ひとり違います。どうかそれを忘れないでください。

そばについていなければならない子、ひとりでやれる子。

注意が必要な子、そうでない子。

指示されないとやれない子、そうでない子。

一人ひとりが、ふたりといない特別な存在なのです。

子どもがそれぞれ違っていることを尊重することで、私たち親は自分だけでなく他人をやさしく思いやることが大事だというメッセージを発しているのです。自分が大切にされるように、自分とは違う他人もまた大切にされるべき存在であることを、子どもは学んでいくでしょう。

時間に追われてせかせかした生活にならないためにも、お子さんに時間の有効な使い方を教えてあげてください。どんな方法がいいかは、子どもによって違うでしょう。

あるお母さんは、部屋をきちんと片づけるようにと、子どもの部屋に「時間切れ」を知らせるブザーをつけました。そしてこう言いました。

「ブザーが鳴る前にお片づけができたら、明日、いつもより遊ぶ時間を長くしてあげるわ」

この子はふだん、お母さんがつきっきりでやいのやいの言わないと片づけができなかったのです。その子は、ゲームをするように部屋を片づけました。

子どもにとって遊ぶ時間はとても重要なので、これはちょっとしたほうびになりますね。また、その結果、さっさと片づけをすることは自分にとってもいいことだと子どもも思うようになります。こうして、だんだん言われなくても片づけができるようになるのです。

大事なのは、子どもが何かできるようになったら、すかさず口に出してほめることです。

「ひとりでお片づけができたのね。えらいわ。お母さん、びっくりしちゃった」というように。

お母さんのこういう言葉を、子どもはいくら聞いても聞き飽きることはありません。

よその子や兄弟と比べてはいけません。お隣の子がこれができるから、とか、お兄ちゃんと比べてどうだと言ってはいけないのです。

そうではなく、その子なりの進歩を認めてあげれば、ほめる機会はいくらでもあるものです。

●「あの子は私のこと好きじゃないんだ」
と子どもが言ったら
それは相手に受け入れてもらいたいという
隠されたメッセージです

●子どもと話しあうときには
子どもがせまい見方に陥らないように
世の中にはもっと別の見方があり
別の世界観もあるということを子どもに示してあげましょう
私たちは子どもより長い人生を生き
たくさんの人に出会ってきているのですから

子どもに選ばせる

子どもも大人も、私たちは毎日、何かを選んでいます。生きていくことは選んでいくことでもあるのです。成長の過程にある子どもにとって、選ぶことはとてもよい勉強になります。毎日の生活の中で、どうかお子さんに選ぶ機会をじゅうぶんに与えてください。

ときには、ふたつだけでなく三つの中から選ばせてください。こうして子どもは、多くのものの中から選べるようになるのです。ソックス、シャツ、ドレス、おもちゃ、色、食べ物——どれをとってもよいレッスンになります。

「お夕飯は何にしようかしら?」

こんなふうに子どもに言ってみてもいいでしょう。そして何か思いつくまでゆっくり待ってあげてください。そうすれば子どもは晩ごはんを何にするか、一緒に考えられるのです。

こんなこともあるかもしれません。

赤と青のふたつのコーンフレークの箱があります。幼ない女の子が「こっちがいい」といって赤い箱を指さしました。お母さんがテーブルに赤い箱を置くと、女の子は「ちがう、ちがう……あっちだってば！」とわめきました。「気が変わった」のです。

そんなときには、お子さんに教えてあげてください。

「『ちがう、ちがう……あっちだってば！』じゃなくって、『ごめんね。やっぱり青いほうがいいの』って言うほうがいいのよ」

気が変わったとき、それを知らせるのにふさわしい言い方を身につけることは大事です。そうすればスムーズに望みのものを選べるからです。

遊んでいるときでも子どもはやはり何かを選んでいます。選ぶことは決定し、行動に移すことです。ですから、選ぶ機会を与えるとともに、自分の行動に責任を持つことをお子さんに教えてあげてください。

選ぶことは、その後のことを決定することです。

＊するか、しないか
＊手にいれるか、いれないか
＊それでいいのか、いけないのか
＊これにするか、あれにするか、それともほかのにするか

ものごとを決定するためのやり方を示してあげれば、子どもは家庭の中ばかりでなく、いずれ学校や地域社会の中でも応用できるようになるでしょう。考えが変わったときに、人に知らせることの大切さも理解します。

これは私たちもしたがうべきルールです。思いがけない変化があると、子どもはストレスを感じて混乱するかもしれません。そんなとき、このルールが役に立ちます。

もし何かご家庭の方針や考えが変わったときには、前もって子どもに知らせてあげてください。子どもだって意見を持っています。その前に話しあって、子どもたちの考えも取りいれられればもっといいでしょう。びっくりするようないい考えがあるかもしれませんよ！

●子どもに「選びなさい」と言うときは
それを尊重するつもりでいること
たとえ、親の意向と違っていても

●親だって

ときには「タイムアウト」をとりましょう

好きなことをして

ゆっくり休息しましょう

FANTASY

忙しいときこそ、ひと休み

持っていないものを与えることはできません。ときどき、エネルギーを補給してください。お母さんやお父さんが疲れ果ててしまったら、子どもを助けることもできなくなってしまいます。

どんなときでも、ゆとりを残しておくことを忘れずに。

そうすれば家族みんなが気持ちよく暮らせますね。忙しくて、悩みを抱えているときはなおさらのこと。ひと休みして、気分を変えるとエネルギーが満ちてきます。すると、家庭のいろいろな問題にもよい解決策が浮かんでくるものです。

お母さんやお父さんがいたわりあっていれば、家庭がなごやかになります。心から相手を思いやる、そんな夫婦の関係は、それぞれの人生を幸せにします。そして、あたたかい家庭をつくることができるのです。

お母さん、お父さん
忙しくても
いえ、忙しいからこそ
気分を一新するための時間をとってください。
そして
おたがいに心を開いて話しあいましょう。

無理をせず、家族のため、子どものためにそのとき自分ができることをすればいいのです。疲れているときには、お子さんにほほえみかけたりほおずりしたりするだけでじゅうぶんです。お母さんとお父さんの関係についても同じことがいえます。

子どもの幸せのためには、親自身がまず、幸せでなければならないのです。

●子どもに尋ねてください

「どんなふうに考えているの？」

「どう思う？」

「どんなふうに見える？」

「どんな感じがする？」

そして、子どもの言うことに耳を澄ませてください

●羨ましそうに見ているお姉ちゃんの目の前で
赤ちゃんを抱っこしてはいませんか
どうか座れるところに行って
もう片方の腕でお姉ちゃんを
抱いてあげてください
こうすればみんなが満足できますね

子どもの声に耳を澄ます

毎日のできごとについて、子どもの意見を聞きましょう。

家の決まり、つまり、していいことやいけないこと、しなければならないことについて、子どもがどのように感じているかを確かめてください。そのとき、幼ない子の言うことも大きい子の意見と同様、真剣に受けとめましょう。

「どうせあの子のことだもの」とか、「あの子はそんなこと気にしないから」と決めつけるのはよくありません。それはたとえ親子であっても、人の心の中にずかずか土足で踏み込んでいく行為です。

私たち親にできるのはせいぜい推測することだけです。そのことを忘れてはいけません。親だからといって、子どもの心の中すべてを知りつくすことはできないのです。ですから、子どもに尋ねてください。

「そのこと、どんなふうに感じているの?」

「あなたの考えは？」

「何がしたい？」

そして耳を澄ませてください。

子どもの考えや感情にこまやかな注意を払うには、思いやりが大切です。

こうして子どもの考えを聞くことで、親は子どもに、「あなたがどんな気持ちでいるかということは、私にとってとても大事なことだよ」と知らせているのです。毎日の暮らしの中で、親が子どもの気持ちを気にしていることを、ぜひとも子どもに伝えてください。

うまくいっている家族というものは、自分たちをひとつのチームとして考え、一人ひとりの問題を家族みんなで解決しようとします。そうすれば、困ったことがあっても乗りこえていけるのです。

トラブルを解決することは家族みんなの仕事です。それぞれが意見を出しあい、助けあうようしむけてください。

こうして子どもは、協力すること、おたがいに気持ちや意見を尊重し、大切にしあうことを学んでいくのです。

家でも地域社会でも学校でも、互いを大切にする気持ちというのは伝染しやすいものです。

それは、親から教わるより、子どもが自分で「キャッチ」するものなのです。親が思いやりを持ちながら暮らしていけば、子どもも同じように思いやりを持つ人に育っていくのです。

●子どもと話しあうということは
親が自分自身の誤りに気づき
認めることでもあるのです

●「ありがとう！　えらいわ！」

りっぱにお手伝いができたら
こう言いましょう
そして、心から驚いてあげてください

子どもをほめる

子どもが何かをきちんとなしとげたら、「やりとげられたのね。感心したわ」と言ってあげてください。これは子どもを勇気づける最高の方法です。

「ちゃんと気がついている」ことを知らせなければいけないのは、こんなときです。

親の指示を聞いたり、あきらめないで努力したり、頼んだことをしてくれたりしたとき。時間どおりに用事を終わらせられたり、予定より遅れたからと、スピードアップしたとき。親が困っていたときに手伝いを申し出てくれたり、親が休んでいるときに静かにしていてくれたとき。親のアドバイスに注意深く耳を傾けたとき……。

子どもというものは、ほめられると張り切って何度でも繰り返すものです。認められ、ほめられることで子どもはすくすくと成長していくのです。

大切なことは、ほめられ、受けいれられることです。これはなにも子どもだけにかぎりません。私たち人間は、誰だって認められ、ほめられたいという基本的欲求を持っています。

夫婦の間でも、感謝の言葉を述べあうのは大切です。夫婦の間でも、「ありがとう」と感謝してください。「すばらしい」とほめてください。これは二人の体にもいい影響を与えることが医学的に認められています。

認められ、受けいれられ、ほめられることには、私たち人間の心と体を癒す力があるのです。夫婦でも親子でも、どうぞふだんから、折に触れてこういう気持ちを口にしてください。

親は子どもが生きる態度を学ぶときの手本です。子どもは親の姿を見ながら学んでいくのです。

子どもが何かよいことをしたら、一生懸命お手伝いをしようとしたら、はっきり言いましょう。

「ありがとう。うれしいわ」

そして、抱きしめてあげてください。

●子どもにどんどんお手伝いをさせましょう

そして言ってください

「お母さん、おかげでゆっくりできるわ！」

「お父さん、とても助かったよ」

●子どもは親を見て
結婚とはどういうものかを
学んでいきます

親は一番の先生

子どもは体験から学びます。そして、お母さんとお父さんがどんなふうにおたがいに接しているかを見つめて生きていきます。

現代の子どもはテレビや雑誌、映画、その他いろいろなメディアにさらされていますが、そうしたものからは、結婚とか家族の関係というような大事なことについては、ほとんど学べません。まして、兄弟や友だちとの付きあい方などはわからないでしょう。

外からの影響が多くなる年ごろの子どもにはとくに、両親の会話が重要な道しるべになります。親が教師なのです。両親の関係から、子どもは、結婚生活というものがどんなもので、どうあるべきかを知り、子育てについて学んでいくのです。

思いだしてください……子どものころを。日々の暮らしから、どんなことを学んだでしょうか。親御さんからは？　ご自身の経験をもとに、お子さんに幸せな家庭への道を示してあげてください。

親が子どもにとって一番のお手本なのです。家庭を心地よい場所にするためのヒントは、いろいろあることでしょう。

「ああ、妻というのはこういうものなのか」
「ああ、夫というのはこうなのか」

いっしょに暮らしながら、子どもは無意識のうちに学んでいるのです。

将来、子どもが恋人や家族を得たときに、その関係が豊かになるような、そんなメッセージを伝えてください。

そのとき大事なことは――

お互いに手をつなぐこと
気持ちを伝えあうこと
気づかうこと
そして、そのためにベストをつくすことです。

●子どもにとって
一番の人生の先生は
親です

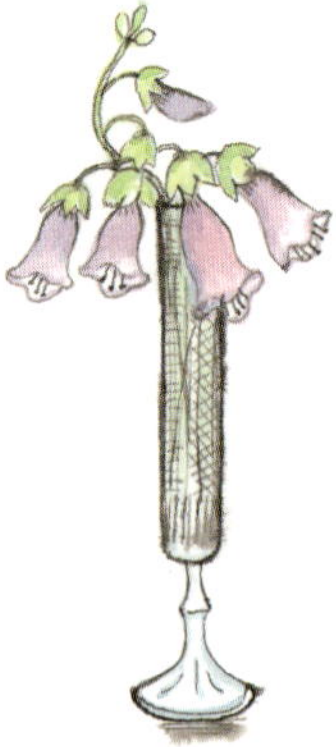

●「お母さんが悪かったわ」
「お父さんが間違えたんだね」
もしこんなふうに子どもに言えるなら
それは親が
りっぱな大人であるしるしです

●人生ゲームでは
家族はひとつのチーム
ずるをしないで！
ルールを守って！
交替で！
いつでも手を貸す用意をして！
ベストをつくして！
持てる力をすべて出して！
失敗したらホイッスルを吹いて！

タイムアウトをとって！
チームへの思いやりを示して！
誠実に生きようと励ましあって！
フレーフレー、家族チーム！
フレーフレー、コーチ！

●お母さん、お父さん
のんびりかまえて気楽に
ゆっくり
手をゆるめて
ゆかいに楽しく
暮らしという名の織物に
しなやかで明るい色の糸を織りこむのを
どうかお忘れなく

●親は子どもから
子どもは親から
学んでいきます

●子どもと話しあうことは……

子どものあやまちを
受けいれることでもあります

間違いから学ぶ

あやまちや間違いをおかさない人がいるでしょうか。子どもにとって、あやまちをおかすことは親子のきずなを深めるきっかけにもなります。

間違いをおかしたからといって、なにもかもだめになるわけではありません。私たち大人はそのことをよく知っていますね。

よりよい方法を学び、よりよい選択をし、深みのある人間になるためのチャンスでもあるのです。子どもの場合、たいていそれは将来を支える土台になります。

子どもが何か間違いをしでかしたら、一方的に叱りつけるのではなく、教えるチャンスだと考えてください。

生きていくうえであやまちは避けられません。これは、私たち大人も子どもも変わりありません。そして、それを認めることで、私たちは恨みや非難を抱え込まず、生きていけるようになるのです。それだけではありません。互いに許すことも学べるのです。

あやまちをきっかけに、私たちは、教訓を得て、やり直し、許し、大目に見ることを学び、より深みのある人間になることができます。

これらは価値のある経験であり、これから人生を生きていく子どもにもぜひ伝えなくてはならないことなのです。

ところで、子どもが間違いをしでかしたとき、それがどうしてだか考えてみたことはありますか。その原因は何でしょう。

誤解したのでしょうか。情報が足りなかったのでしょうか。不注意だったのでしょうか。あわてていた、あるいは目立とうとしすぎたのでしょうか。それとも、自分に向かないことを引き受けたのでしょうか。もしくは、むずかしすぎたのでしょうか……。

もしかすると、間違いをおかしても無理のないようなことだったのかもしれません。

子どもが自分を責めすぎたり失敗を恐れるようになったりしないようにしてく

ださい。そのためには、子どもに過剰な期待をしていないこと、何でも簡単にできるなどと思っていないことを、日ごろから伝えておくことも必要です。

たいていの場合、私たちはわざと間違えるわけではありません。子どもだって同じです。

もしわざとしたのだとすれば、それはいけないことだとはっきり教えなければなりませんね。

子どもなりに責任をとらせ、つぐなわせ、場合によってはそれ相応の罰を与える必要もあるでしょう。そのとき、自分のしたことがどういう結果になるかわかっていたのかどうか、はっきりさせなければなりません。

ひょっとして、どうなるか知りたくて、試しにやってみたのかもしれません。もしそうなら、あらかじめ結果を予測することの大切さを教えてください。

子どもに手をさしのべ、子どものあやまちを理解するためのひとつの方法は、子どもとよく話しあうことです。別の方法はなかったのか、いっしょに考えてあげてください。

また、なかには許されない間違いもあります。もし、いきなり車の前に飛び出したらひかれてしまいます。屋根から飛び降りたら足をくじいてしまうでしょう。このようにはじめから結果が見通せるものもあるのです。

子どもと話しあい、もっとよい方法を選べるよう導いてあげてください。

子どもはいずれ、私たちのもとから旅立ち、より広い世界で生きていくでしょう。

そのとき、子どもの人生を守るものは、子どもが幼いとき、私たちが教えたことなのです。

●子どもがきちんと報告できるような
聞き方を心がけてください
いきなり叱りつけてはいけません
大声で怒鳴りつけてはいけません
その子が、ありのままを話せるような
そんな聞き方をしてください

●先まわりしないで

子どもが新しい経験や変化を

積極的に受けいれられるよう

力を貸してあげてください

やらせてみるのが一番

幼い子は「いつもおんなじ」だと安心します。でも、少し大きくなると、それだと「いつも同じで変わりばえがしない」と感じます。

いずれ子どもは何か新しいもの、今までとは違ったものを求めるようになります。

日々の生活の中で、新しいものや今までと違ったものを子どもが積極的に受けいれられるよう、力を貸してあげましょう。

なんであれ、新しい考え方は刺激的です。またたとえ「昔ながらの作業」であっても、やり方を変えれば子どもは興味を失いません。新しい考え、新しい方法、新しいアイディア——これらは、みなよい意味で子どもを変えてくれます。

ある女の子が言いました。

「ねえ、お母さん。あたし、いつもみたいに洋服を着てからじゃなくて、先にリボンをつけたいの」

お母さんは笑って言いました。

「いいわよ。そうしてごらんなさい」

このお母さんには、もう一度やり直さなければならなくなることは、よくわかっていました。でも、こういうときはやらせてみるのが一番。そう考えたのです。さもないと、子どもはいつまでたっても自分で新しいやり方を見つけることができないでしょう。

もしお母さんが、

「だめだめ、そんなことしちゃ。かぶりの服なんだもの、リボンがクシャクシャになっちゃうわ」

などと言っておさえつけようとしたら、女の子はどうしたでしょうか。

「もういい！」

こう言って、怒って部屋を飛び出したかもしれませんね。

危険なことや人を傷つけるようなことでないかぎり、お子さんに新しい方法を探させ、学ばせましょう。

親がなにからなにまで先まわりして子どもに教えてはいけません。そうではなく、「どういうふうにするつもりなの?」と尋ね、もし話していくうちにそれではうまくいかないとわかったら、子ども自身に違うやり方を工夫させるといいのです。

このお母さんは子どもに思うとおりにやらせてみました。しばらくして、女の子は言いました。

「お母さん、お母さん。見て。やっぱり洋服を先に着ないとだめなんだね。ね、リボン、直してくれる?」

お母さんは笑って言いました。

「はいはい」

●子どもといっしょに食事の支度をしましょう

食べ物について教えるいいチャンスです

むろん、ほかの話をしてもいいのです

●不服申し立て課開設

親が決めたことに対して

お子さんがまじめに反対意見を出したときには

心を開いてじっと耳を傾けてください

ときには、親のほうが考え直すことも必要です

●テレビ番組に気をつけて
できるだけ子どもといっしょに
見るようにしてください
番組について話しあうことも大切です

テレビにルールを設ける

テレビが子どもに与える情報には、むろんためになるものもありますが、あまり役に立たないこと、いえそれどころか、よくないこともたくさんあります。

子どもが何を見ているのか、親が知っていることは大事です。さもないと、子どもがテレビから受け取っているメッセージを知ることができません。テレビやインターネットから何を受けとっているかを知ることは、私たち親にとってとても重要なことです。

忙しいからといって、テレビをベビーシッター代わりにしてはいけません。テレビはけっして家族の行事や親に代わることはできないのですから。テレビがお子さんの人生で大きな意味を持つようでは困ります。

高カロリーのスナック菓子をもぐもぐ食べながらテレビばかり見ていたら、不健康なばかりでなく、成長期に必要な活動をしないで過ごすことになります。これは子どもの体の発達、精神面そして知的な面での発達に大いにかかわってきます。できるだけ外で遊ばせてください。幼ないころ、外で友だちと遊びまわることのできた子どもはすくすく育つのです。

テレビの見過ぎは精神的な面にも直接大きな影響を与えます。本当に大切なものの見方が妨げられるからです。

テレビは「これを買いなさい、あれも買いなさい」と私たちをあおり、欲望を刺激します。人生において本当に大切なのは、自分がどういう人間で、どのように行動するかということです。それなのにテレビは、何を持っているか、どんな外見をしているかということにばかり目を向けさせてしまいます。

見ばえがよくて高価なものを持っているからといって、すばらしい生き方ができるわけではないということを、子どもに教えられればと思います。

人に親切にすることや、人を理解し、尊敬することこそが大切なのだということを、子どもにわからせてあげてください。

たしかに立派な車や最新式の電気製品などは暮らしを豊かにしてくれますし、快適にもしてくれます。けれども、だからといって、人間としての誇りにはつな

がりません。

どんな人間になりたいか、家族みんなで話しあうのもいいですね。どうやったら人の役に立てるのか、忍耐を学べるのか。正直で誠実な、責任感の強い人になるにはどうしたらいいのか。これらはみな努力によってしか得られません。店で買えるものではありません。その意味でかけがえのないものなのです。

私は、「テレビのルール」を設けるよう、おすすめしたいと思います。

たとえば……、

＊番組を選ぶ
＊どれくらい見るか、時間を決める
＊どこに座って見るか、場所を決める
＊親の許可をとること

お子さんがテレビからどんな影響を受けているかに気をつけてください。

●子どもが
テレビやパソコンの前に
長く座りすぎないよう
気をつけましょう
親だって同じです

●「だめねえ、こんなことをするなんて」
と言うより
「こうするといいんじゃないかしら？」
と言いましょう
そのほうが
子どもには受けいれやすいのです

伝え方を工夫する

親が、子どものやり方を批判するのは、子どものためを思ってのことには違いありません。けれども「あれもだめ！」「これも禁止！」というのは、おすすめできません。「こうしてみたほうがいいわよ」というほうが、よほど簡単なうえに効果もあるのです。

この本を通じて私は、子どもに思いやりをもつこと、支えてあげること、きちんとした指示を与えること、じゅうぶんな情報を伝えることが大事だといくども強調してきました。子どもとよく話しあっていれば、これはたいていうまくいくものです。

子どもに何をしてもらいたいかを伝え、そのためにはどうすればよいか、アドバイスしてください。

もしそれがいままでとは違うことなら、わかりやすく要点を述べて、できるだ

け多くのヒントを与えてください。安全のための規則では特にそうです。

でも、そのとき、言い方に注意することが大切です。

たとえば、こんなふうに言ってみてください。

「だめ、だめ、そんなに机にかがみこんじゃ。姿勢が悪くなるわ」と言う代わりに、「まっすぐに座るといいのよ。姿勢がよくなるわ」と言ってみましょう。

「そんなに早く食べるとおなかが痛くなるわよ」と言う代わりに、「もっとゆっくり食べると、よく消化できるわ」と言ってみましょう。

「そんなに走り回ってはだめ。眠れなくなるわ」と言う代わりに、「眠る前にはもう少し静かにしていたほうがいいのよ」というふうに言ってあげましょう。

ただし、「もう少し静かに」といっても、むろんテレビの前に座ることではありません。そうですね、お話を読んであげたらいかがでしょう。

いつも、子どもがわかるように、はっきりと伝えてください。批判ではなく、簡単で、身近で、将来子どもの役に立つようなアドバイスをすることが大切なのです。

そのとき、カッとして大声を出さないで、おだやかに話すことも大事です。そ

うすれば、子どもは安心して質問したり答えたりできます。

いくら子どもを思ってのことでも、たえまなく指示を出したり、幼ない子どもを叱りつけてばかりだったら、子どもがくつろげなくなってしまいます。いつも緊張して、ピリピリしてしまうでしょう。それは子どもにとってつらいことです。

大切なことは、口やかましく文句を言いたいのではなく、手をさしのべたいのだということを親自身が忘れてはいけないということです。

●どんなときでも
子どもと話しあってください
コミュニケーションをとることは
親子の生命線です

子どもの友だちを迎え入れる

「家」が「家庭」になるのはどんなときだと思われますか。私はそれは、そこに愛があるときだと思うのです。愛がなければ「家」はただ人が暮らすための入れ物であって「家庭」ではありません。

子どもに「家族の一員」という自覚を持たせたいなら、親は、ただの「家」ではなく「家庭」にするために努めなければなりません。

お子さんの友だちはどんな子でしょうか。

友だちというのは本人も気がつかない潜在的な望みを現しています。それはなにもお子さんだけではありません。友だちにとっても同じです。お子さんと友だちとの関係は、ふたりが選び取ったものなのです。

わが子の友だちが好きになれないこともあるでしょう。そういうときには、その友だちのどんなところが好きでないのか、紙に書いてみてはどうでしょうか。

それから、子どもにどんな友だちを望んでいるのかを書き出し、ふたつを比べてください。

その中にお子さんが持っている資質と、持っていない資質の両方があるはずです。それについてよく考えることによって、あなたが子どもをどう見ているか、そしてどういう子どもになってほしいと望んでいるかがわかるでしょう。

私たちが自分から近づいていく人間は、多くの場合、自分もそうなりたいと思っている資質を持っています。

たとえばこんなことがありました。

いつも小さな声で話すおとなしい女の子が、幼稚園ではおしゃべりで大きな声で話す女の子のそばにくっついていました。この子は、そばにいることで「私もこうなれるかもしれない」と思っているのでしょう。

また、すごく絵がうまい子のそばにいつもくっついている男の子もいます。

子どもの友だちを家庭に迎え入れることによって、私たちもまた人に心を開くことを学ぶことができます。それはまた、子ども同士の友情の形をまの当たりにできる絶好のチャンスでもあります。

BOX

子どもたちはフェアーな態度で協力しあっているでしょうか。どちらかがどちらかをいじめたり、命令したりしていませんか。思いやりやあたたかい会話がありますか。それぞれ言い分が違っても、うまく折りあいをつけているでしょうか。必要なときにはさりげなく手を貸してあげましょう。

子どもの友だちを歓迎しましょう。そうすれば自分の子どもについて、普段気づかなかった多くのことがわかります。友だちとの言葉のやりとりをじっくり観察してみましょう。お子さんの思いがけない一面を知るかもしれませんよ。

仲のよい友だちの親御さんと連絡をとることをおすすめします。おたがいに気がついたことを知らせあい、どうしたら子どもたちがもっとうまくやれるか話しあってください。おたがいに学びあいましょう。子どもがこうなって欲しいという気持ちを率直に語りあって、協力しあえるような関係を作ってください。

また、それぞれの家庭のきまりについて説明する必要もあるでしょう。習慣もルールも家庭によってさまざまですから。

訪ねてきた子どもの友だちが気持ちよく過ごせるように、心をくばってあげてください。

●子どもの友だち関係についてご存じですか
できれば親同士で連絡をとるといいでしょう
いっしょになって子どもたちのことを心配したり
喜んだりしてください

●仕事と家庭のバランスをとり
元気で生き生きと過ごすには
どうすればいいのでしょう
毎日の暮らしの中に
そのヒントを見つけてください

ゆっくりと深呼吸をして

働いているお母さんは、一日の予定がだいたい決まっています。それを変えることは、なかなかむずかしいですね。

あるお母さんが私にこんな話をしてくれました。

私は、一日中コンピューターの前に座っています。でも、私の目や考えや想像力は私のもの。机にしばりつけられているわけではありません。ときどき目を休めるると気持ちがよくなります。目をつぶってゆっくり息をして、楽しいできごとについてあれこれ考えると、とても楽しいですよ。

それからときどき足をほぐしに下の階へ下りていきます（トイレが近いって思われたって、そんなの平気）。お昼は外に食べに行って、ついでに少し散歩します。

仕事に関するアイディアなどは紙に書き出します。いつもキーボードを叩いているので、手や目を休めようと思って。

毎朝体操するときは、夫に子どもをみてもらい、夜、夫がジョギングするときは私が子どもをみることにしています。週末にはウォーキングしたり、庭いじりしたり。草をむしりながら、子どもに花について教えたり、おしゃべりしたり。ある論文で、木や花に囲まれて暮らしている人のほうが健康だって書いてありましたが、ほんとうにそう思います。とっても気持ちがいいんですもの。パソコンを習っていたクラスで、座ったままできる体操をいろいろ習ったので、職場でやっています。

そのクラスでは、ほかにも習ったことがあります。それは体の声を聞くこと。姿勢を変えるよう気をつけていると、肩こりや筋肉痛が防げます。長い時間同じ姿勢をとるのがよくないんですよね。

そのとき同じクラスに通っていたお母さんがこんなことを言ってました。

「体の声に注意を払うようになってから、生活のバランスがとれるようになった気がします。夕食の支度も前みたいにせかせかせずにできるようになったし、夜も子どもたちといっしょにくつろげます。以前はよく、子どもたちを寝かしつけながら、自分も寝てしまったんですけど！」

●あわただしい日々の暮らしの中でも
体の声に耳を澄ますことを
忘れないでください
食べ物や水
睡眠
休みが必要なことを
体がどんなふうに知らせるか
子どもはそれを親から学びます

●子どもの好物をつくるときには
前もって知らせましょう
ごはんを待っているときから
楽しみが始まります

●パソコンで
してもいいことと
いけないことを
子どもによくわからせましょう

ネット社会の危険から子どもを守る

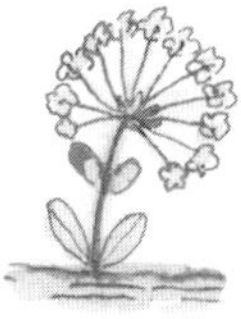

子どもたちの生活の場にも、パソコンが入りこんできています。パソコンはすばらしく便利なものですが、子どもが使うにはいろいろ考えなければならないことがあります。

コンピューターはおもちゃではありません。これは非常に人間の脳と心に影響力のある装置なのです。あまり長い間触れていると、子どもの柔らかな脳に害になります。

小さな子どもにパソコンを使わせるならスケジュールを立ててください。自分で選ばせてはいけません。パソコンのルールは、たとえばこんなふうに、

＊親が監督し、

＊時間の制限を設け、

＊特定の目的にだけ使わせる。

もう少し大きくなって、子どもがインターネットやメールに関心をもちだしたら、さらに注意が必要です。ネットの世界にはおかしな考えを持った人々がたくさんいますからね。

＊知らない人と連絡をとる。
＊誰だかよくわからない人にメールアドレスを知らせる。
＊意味ありげなメールアドレスをつくる。
＊よくわからないメールに返事をする。

こうしたことは、ネットの世界ではとても危険なことなのだと教えましょう。

また、次のようなことは、子どもには禁物です。

＊一時間以上パソコンの前に座る。
＊オンラインで友だちをつくる。

＊知らない人と会う約束をする――相手が子どもでも大人でも、男でも女でも関係なく。

子どもは親が考える以上に早くパソコンが扱えるようになったりするものです。テレビと同じように、子どものパソコンの使い方に気をつけましょう。

子どもを傷つけたり食い物にしたり、性的な目的で利用しようとする人々に特に注意しなければなりません。たいていの場合、それは大人で、返信できるメールアドレスはないかと鵜《う》の目鷹《めたか》の目《め》で探しています。

気を引くようなメールアドレスを使わせないようにしましょう。

ひとりでパソコンを使えるようになった子どもにも、次のようなことを守らせましょう。

＊どこで
＊どれくらい
＊何のためにパソコンを使うのかを

＊親に知らせること

町で子どもが知らない人についていこうとしたら？　もちろんやめさせますね。パソコンも同じです。

友だちをつくるなら、学校や地域社会が一番いいのです。

そして、その友だちとのつきあいもネットに頼りすぎないように導いてください。直接顔を合わせないメールでの言葉のやりとりは、思わぬ感情のもつれを生むこともあります。

オンラインでのできごとを、子どもとオープンに話しあうことをおすすめします。子どもがパソコンで何をしているか気をつけてください。子どもにはなんでも話すように言いましょう。

全体像が見えるまでは、いいとか悪いとか言わないことです。頭ごなしに叱りつけないでください。

そうすれば子どもは正直に打ち明けることができます。そしていっしょに話しあってください。

●どうかお子さんのメールに
注意を払うことを忘れないで
きわどい言葉を使ったり
人を傷つけるような表現をしたりしないように
危険から身を守れるように
導いてください

いっしょに計画を立てる

子どもが何かを最後までやりとげなかった場合、なまけ者だと決めつけるのは簡単です。でも、よく考えてください。ほんとうになまけたのでしょうか。

子どもがやろうとしたことが、はたして子どもの能力や年齢にふさわしかったのか、それを考えることが大事です。幼い子は、よく自分の力にあまるおもちゃで遊びたがったり、お兄ちゃんの新しいゲームに挑戦したがったりするものです。

お子さんの年齢や能力にふさわしい遊び道具を与えてください。幼い子が組み立てのおもちゃと格闘すれば、うまくできないのはあたりまえです。そういうおもちゃは、もともともっと大きな子どものためにつくられたものですし、大きな子なら簡単にできて、また楽しめるのです。

小学校に入って宿題が出るようになったら、しなければならないと子どもが承

知しているのを確かめ、そのためのじゅうぶんな時間を与えてください。子どもが大きくなるにつれ、予定を立てることはますます重要になっていきます。

小さなうちから計画を立てる練習をさせるのもいいですね。楽しい計画なら、きっと子どもたちも喜んで参加するでしょうから。

たとえばこんなふうにするのもよい練習になります。

「今度の土曜日、おばあちゃんとおじいちゃんが夕ごはんを食べにくるのよ。何にするか決めなくちゃ。手伝ってくれる？」

さて、お子さんの意見も取りいれながら計画を立てましょう。

(1)何を食べる？
(2)デザートは？
(3)何を買えばいい？
(4)いつ買いに行く？
(5)前もって用意しておかなければならないことは？
(6)いつそれをする？
(7)食事は何時からにする？

(8)それまでは何をして過ごす？

おそらくまだいくつかつけ加えることもできるでしょう。計画を立ててやりとげる親を見て、子どもはまねをするのです。口うるさく言うよりも、やってみせるほうが、ずっと子どもの教育になります。

子どもに仕事を割り当てるときは、年齢や能力はもちろん、その子の興味や時間的なゆとりも考えにいれることが大事です。

やりとげられるように励ますのはよいのですが、一度割り当てたら、できそうにないからとすぐに見切って代わりにやってしまってはいけません。また、やりとげるために必要な知識や時間があるか、子どもに確かめてください。幼い子どもは、何をするにも大人よりずっと時間がかかるものなのです。

「何かわからないことがあったら、いつでも聞いてね」と言いましょう。

子どもが仕事を終えたら、それがどのように進められたか尋ね、ほかにもっといいやり方があったかどうか、いっしょに考えてください。

うまくできていたら、たっぷりほめてあげましょう。

●子どもたちに家事を手伝わせるときには
どうか公平に
年齢や体力のことも考えて
そして、手伝いを頼んだら
「ちゃんとやってくれる」
と信じましょう

自分を好きになる

子どもは日々成長していきます。それとともに、自分に対するイメージ、つまりセルフイメージができてくるのです。そしてこれは、大人になるまで変わり続けます。

初めての経験や環境の変化などは、子どものものの見方や自分に対するイメージに影響を与えます。私たち大人も同じですね。新しい経験には、何かを大きく変える力があるのです。それは自分だけでなく、他人についてもまったく新しい見方を与えてくれます。それから——状況に対する見方も。

子どもが小さければ小さいほど、私たち親の言葉や気分が、大きな影響をおよぼします。

成長するにつれ、子どもはそこに自分なりの考えや感情も加えるようになります。思春期を迎えるころには、新しいものの見方を知ったり、友だちの視点を取

りいれたりして、自分のものの見方を「整理」するようになるでしょう。

ご自分の子ども時代を思い起こしてください。善悪や正義に対する自分の信念がどのように変わり、またそこから何を学んできたかを。その軌跡を子どもに語ってあげてください。子どもたちが自分を見つけるためにとても大切なことです。

あるお母さんは、子どもにこんな話をしました。

「他人《ひと》からこうしなさいよと言われたら、自分の気持ちを確かめるのよ。もしいやだな、っていう気持ちがあったら、それは『ちょっと待って考え直しなさい』っていうメッセージなの。大事なのは、『私はどう感じているか？』ということ。そして自分のそういう気持ちを大切にすることね。たとえ友だちがそれを気にいらなくても、自分が一番いいと思うことをするほうがいいこともあるの。肝心なのは自分が決めたことをいいと思えることなのよ」

そこへお父さんも仲間に加わりました。

「みんなと同じような考え方をしていれば気楽かもしれない。だけどお父さんは、いつも自分の考えを持っていたよ」

こういう話をしてお母さんとお父さんは、子どもに心の準備をさせたのです。大きくなるにしたがって、子どもは自分自身で大きな決断をすることになるでしょう。それが人生そのものを変えてしまう場合だってあるでしょう。

そんなときも、自分が好きな子は、自分が決めたことをいいと信じられます。ルールはこうです。答えを自分の中に探すこと——けっして人の中にではなく。

こうすれば子どもは、自信や自尊心、自立、自分に正直であることを学べます。そしてこういうことはみな、自分を好きだと思えることにつながっていくのです。

私っていいな、こう思えば心身が癒され、のびやかになれます。そして日々の生活でも、リラックスできるようになるのです。

●自分が好きだということは
私っていいな、って思えること
子どもだって同じです

〈著者略歴〉
ドロシー・ロー・ノルト（Dorothy Law Nolte）
ドロシー・ロー・ノルト博士は40年以上にわたって家族関係についての授業や講演を行い、家族教育の子育てコンサルタントを務めている。３人の子どもを持つ母親、２人の孫の祖母であり、ひ孫も５人いる。南カリフォルニア在住。前作『子どもが育つ魔法の言葉』は22カ国語で翻訳され、多くの共感を呼び、ミリオンセラーとなった。

〈訳者略歴〉
平野卿子（ひらの　きょうこ）
翻訳家。主な訳書に『おはなしのくすり箱』（ＰＨＰ研究所）、『耳をすませば』（講談社）、『光の子がおりてきた』（金の星社）など。

子どもが育つ魔法の言葉 for Mother and Father
2004年９月６日　第１版第１刷発行
2005年４月27日　第１版第４刷発行

著　者　ドロシー・ロー・ノルト
訳　者　平野卿子
発行者　江口克彦
発行所　ＰＨＰ研究所
東京本部　〒102-8331　千代田区三番町３番地10
学芸出版部　☎03-3239-6221
普及一部　☎03-3239-6233
京都本部　〒601-8411　京都市南区西九条北ノ内町11
PHP INTERFACE　http://www.php.co.jp/
制作協力
組　版　ＰＨＰエディターズ・グループ
印刷所
製本所　図書印刷株式会社

ISBN4-569-63854-6